구텐베르크가 금속활자를 발명하기 전
책은 사람이 살 수 있는
가장 비싼 물건이었으나
지금의 책은 가장 쉽게
가장 저렴히 살 수 있는
지혜의 보고입니다.
애드앤미디어는
당신이 책을 통해 보다 쉽게
지식을 더할 수 있도록 노력합니다.

애드앤미디어 는 당신의 지식에 하나를 더해 드립니다.

지치고 힘든 마음에
내가 알고 싶을 때
내가 누군지 궁금할 때 - 나쓰담

Powerful / Useful / Helpful

[성분 정보] 자기이해
[효능/효과] 자존감 향상
[용법 용량] 1일 1페이지
[판 매 원] 애드앤미디어

나
쓰
담

작가 소개

모모
안녕, 나는 모모쌤이야. 네 마음이 궁금하니?

나는 책과 삶, 사람의 연결을 좋아해.
따뜻한 상담심리사와 오지라퍼 독서치료사
사이에서 균형을 찾아가고 있지.
돈이 생기면 인터넷서점 장바구니를 털고 싶어.

제제
나는 제제라고 해. 만반잘부~

No Music, No Life!
잔나비와 비틀즈, 오아시스를 좋아하는 밴드 덕후야.
궁금한 것도 많고, 하고 싶은 것도 많은 청춘이지.
좋아하는 것들로 삶을 채워나가면서
지금처럼 밝고 명랑한 어른이 되는 게 꿈이야.

프롤로그

너는 너를 얼마나 좋아하니?
처음 살아보는 인생이라 이것저것 서툴겠지만 지금 그대로의 너도 충분히 괜찮아.

너는 너를 얼마나 알고 있니?
네가 누군지 궁금할 때 〈나쓰담〉을 펼쳐보길 바라.

모모와 제제가 안내하는 열다섯 개의 워크지에
놀며, 웃으며, 끄적이다 보면 너를 쓰다듬어주는 자신을 만날 거야.

그리고 꼭 잊지 않았으면 해.
너는 세상 단 하나뿐인 특별한 너라는 걸.

사용방법

하나, 좋아하는 공간에 자리를 잡는 거야.
   둘, 색연필과 차 한 잔이 있으면 좋겠지?
   셋, 예쁜 글씨는 넣어둬. 편하게 쓰고 그려보자.
   넷, 네가 바라는 모습이 아닌 솔직한 너를 체크해봐.
다섯, 너 자신을 가장 친한 친구로 생각해보는 거야. R U Ready?

Chapter 1   **똑똑똑! 나는 누굴까?**

1. 오감(五感)으로 너를 표현해봐   10
2. 너의 일상이 궁금해   11
3. 너는 어떤 여행이 편해?   14
4. 자연스러운 나 만나기   16
5. 정서를 조절할 수 있다고?   20
Summary   22

Chapter 2   **쫑긋! 나는 어땠지?**

1. 어린 시절을 떠올려 봐   26
2. 너의 애착 유형이 궁금해   28
3. 자기대화를 바꾸면 인생이 달라져   30
4. 스트레스를 받을 때 어떻게 해?   31
5. 혼자서도 할 수 있는 셀프테라피   33
Summary   34

Chapter 3   **토닥토닥! 충분히 괜찮아**

1. 세상을 보는 눈, 마음의 창   38
2. 겉모습과 속마음   41
3. 어떤 역할을 하고 있니?   42
4. 친절하게 품어주기   44
5. 나에게 힘주는 말   45
Summary   46

참고문헌   50

Chapter 1

똑똑똑! 나는 누굴까?

1. 오감(五感)으로 너를 표현해봐

나를 이해하는 첫 번째 방법이 오감으로 표현하는 거라구?

다섯 개의 신체감각 모두 너에 대한 많은 정보를 담고 있어.
몸의 반응에 주의를 기울여 감정의 신호들을 구체적으로 파악해 보렴.

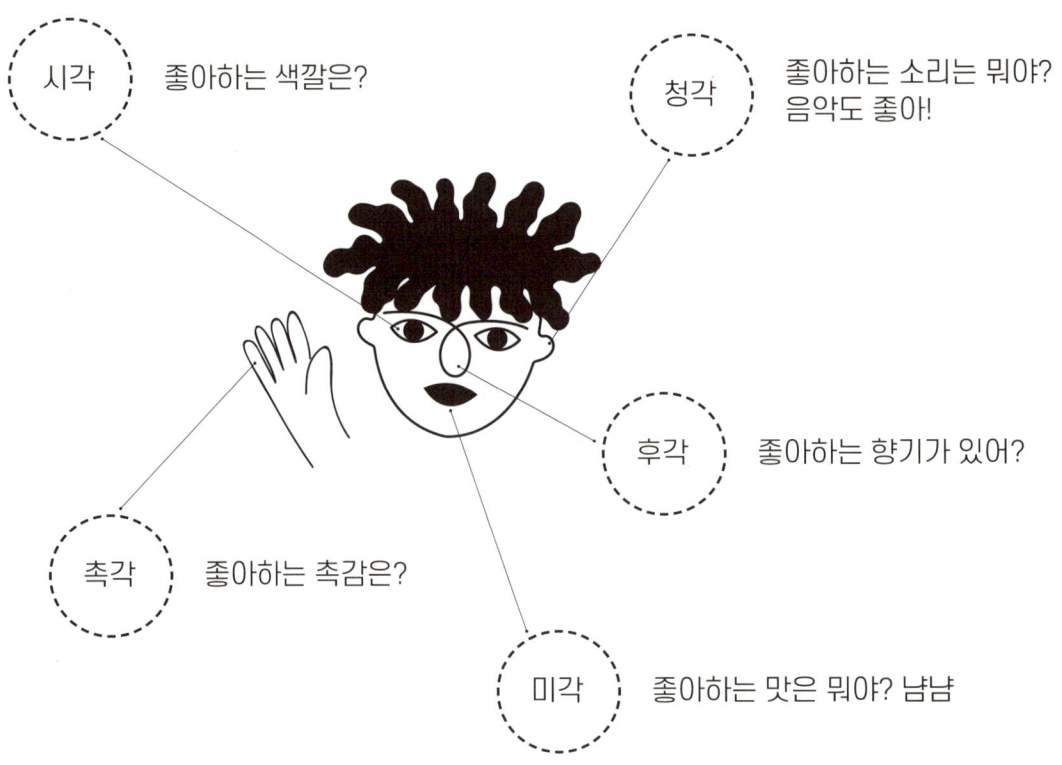

평소에 내가 이런 것들을 좋아했구나!
생각만 하다가 글자로 써보니까 더 확실해진 것 같아!

2. 너의 일상이 궁금해

이번엔 균형 있는 생활을 하고 있는지 일상을 체크해보자.
최근 일주일 동안 너의 생활은 어땠어? 비이커를 채워봐.

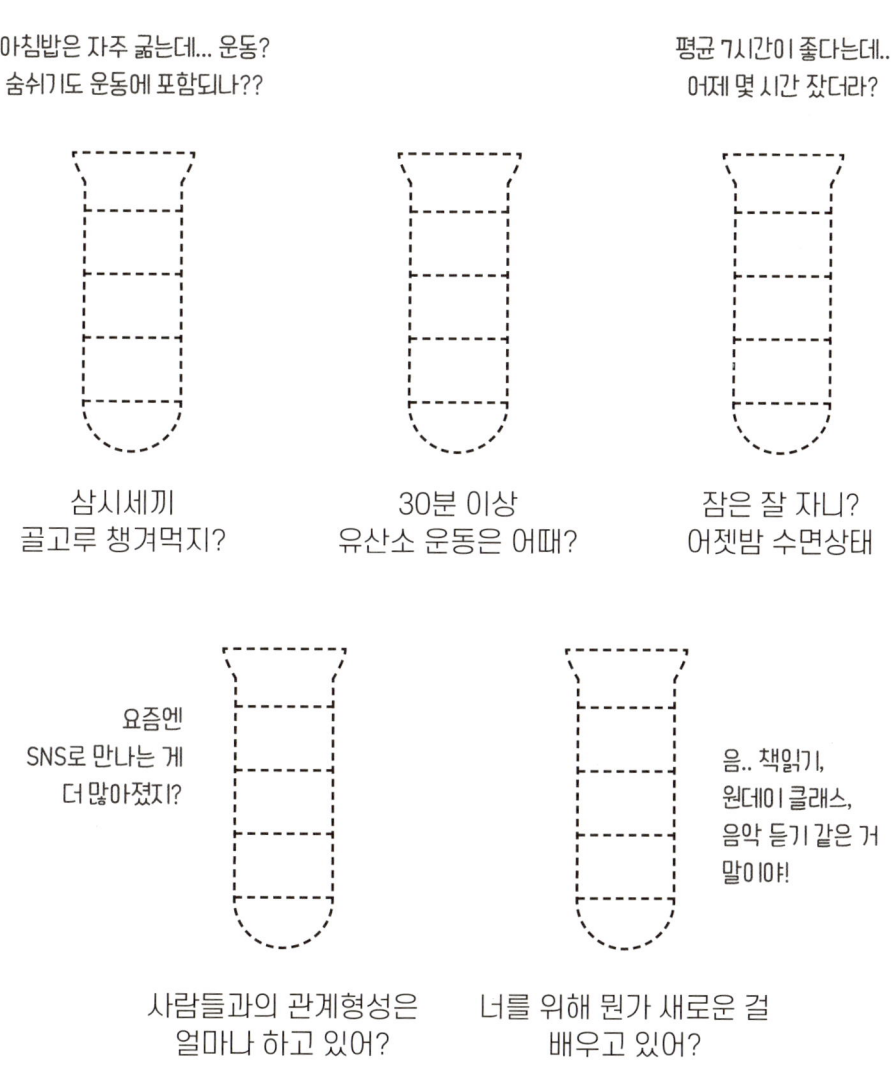

아침밥은 자주 굶는데... 운동?
숨쉬기도 운동에 포함되나??

평균 7시간이 좋다는데..
어제 몇 시간 잤더라?

삼시세끼
골고루 챙겨먹지?

30분 이상
유산소 운동은 어때?

잠은 잘 자니?
어젯밤 수면상태

요즘엔
SNS로 만나는 게
더 많아졌지?

음.. 책읽기,
원데이 클래스,
음악 듣기 같은 거
말이야!

사람들과의 관계형성은
얼마나 하고 있어?

너를 위해 뭔가 새로운 걸
배우고 있어?

어떤 부분이 부족한지 딱 보이쥬? 부족한 이유가 뭘까?

나쓰담

2.

뇌에서 만들어지는 호르몬 (신경전달물질)

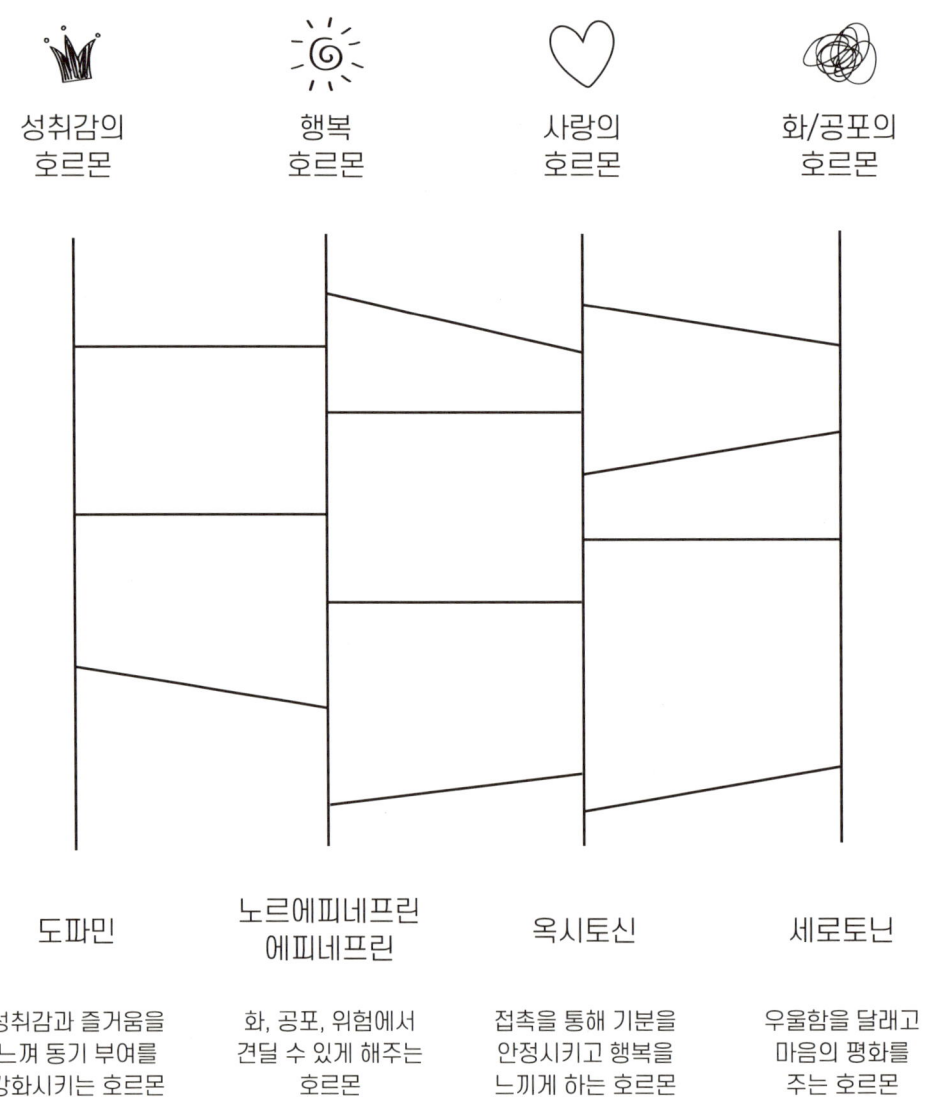

| 성취감의 호르몬 | 행복 호르몬 | 사랑의 호르몬 | 화/공포의 호르몬 |

도파민 — 성취감과 즐거움을 느껴 동기 부여를 강화시키는 호르몬

노르에피네프린 에피네프린 — 화, 공포, 위험에서 견딜 수 있게 해주는 호르몬

옥시토신 — 접촉을 통해 기분을 안정시키고 행복을 느끼게 하는 호르몬

세로토닌 — 우울함을 달래고 마음의 평화를 주는 호르몬

너의 일상이 궁금해

	균형	불균형	대처방법
도파민	기쁨, 현실감각, 신체 움직임	의심, 환각, 공격성	운동, 충분한 잠, 음악, 명상, 디지털 디톡스
노르에피네프린 에피네프린	집중력, 에너지, 생명유지	불안, 불면	엄청난 독성이 있으니까 화내지 않기, 스트레스를 긍정적으로 대하기
옥시토신	신뢰, 사랑	자기통제 상실	격려의 말, 경청. 사랑, 감사의 마음 갖기
세로토닌	기분 좋음, 인지 기능, 긴장 이완	반복적 생각, 집요함, 불안	아보카도, 바나나, 우유, 달걀, 닭고기, 두부 섭취

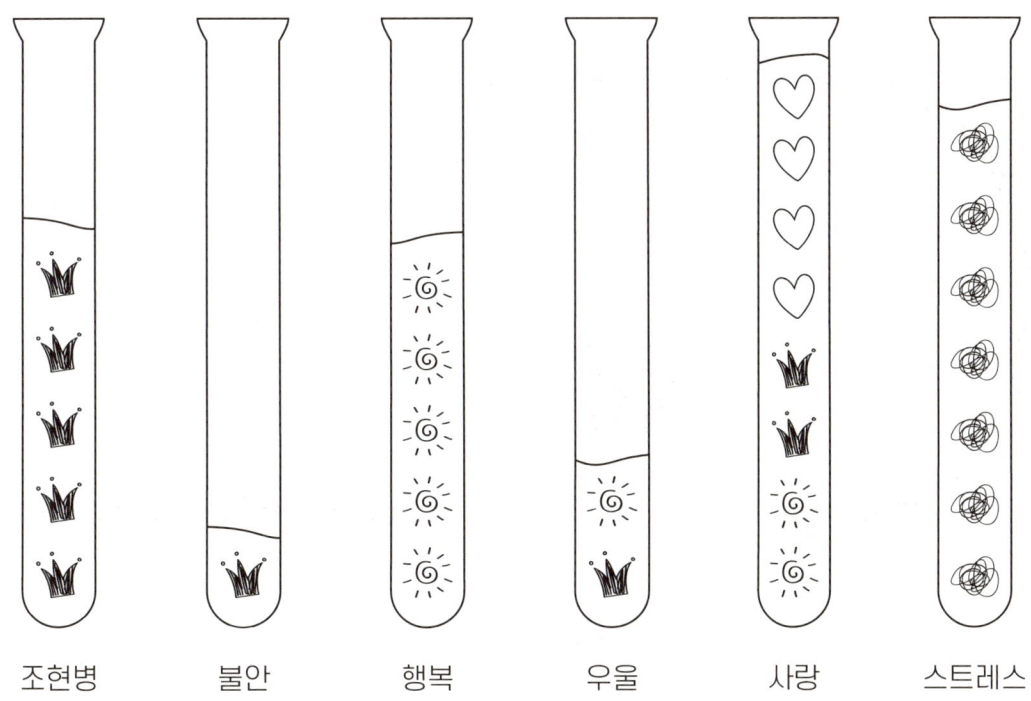

조현병　　불안　　행복　　우울　　사랑　　스트레스

나쓰담

3.

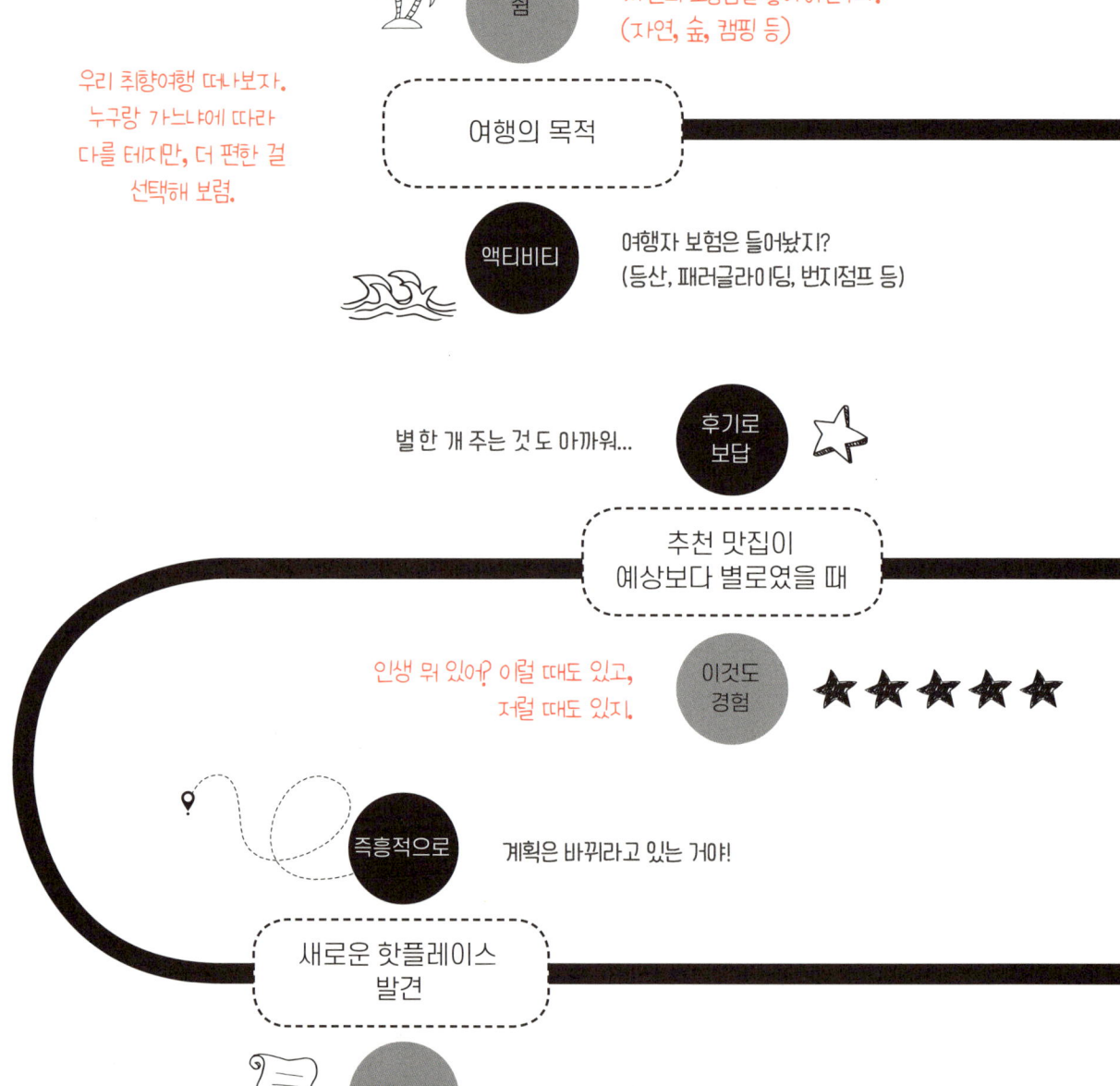

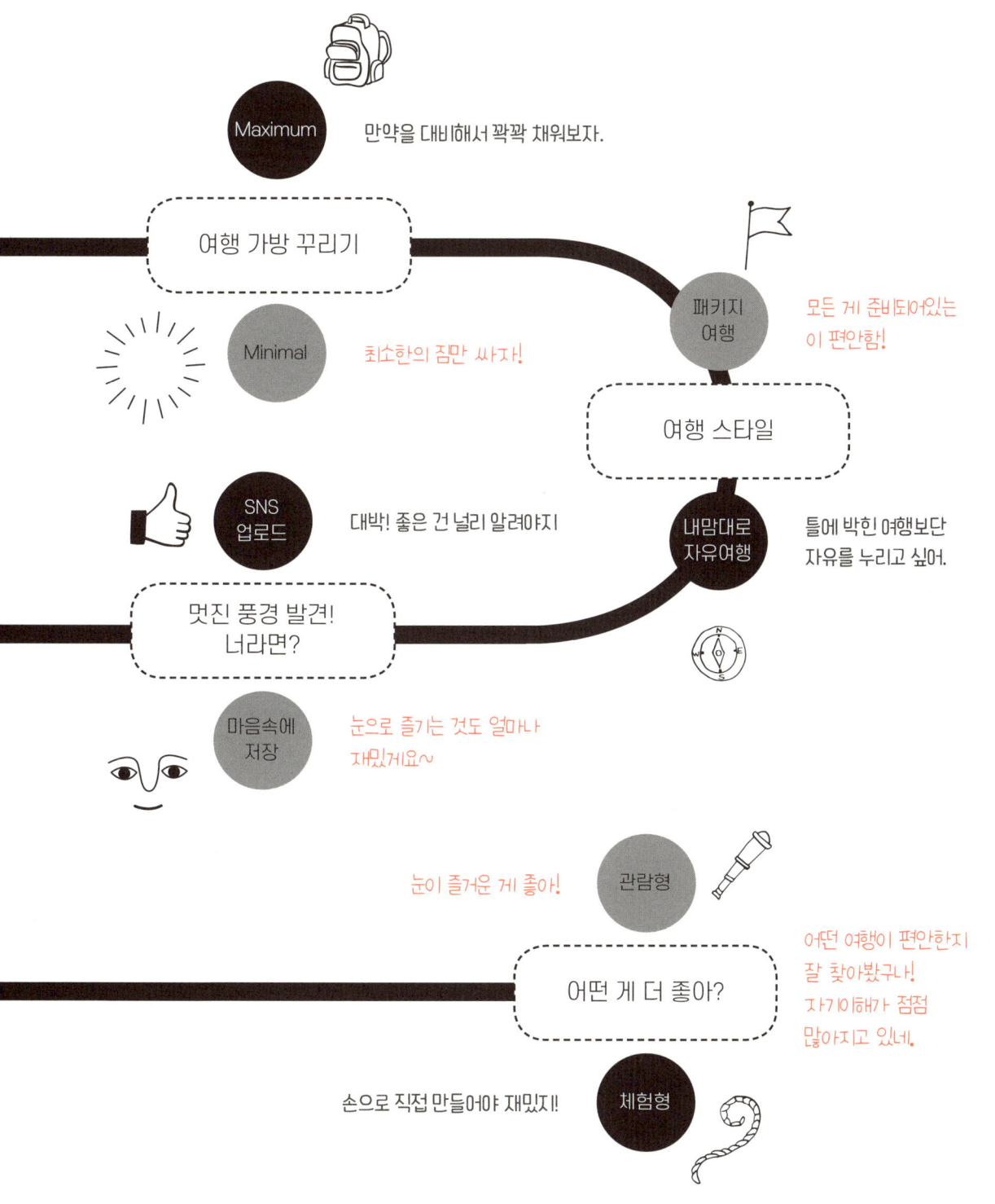

4.

난 활발하기도 하고, 조용하기도 한데.. 어떤 성격이라고 해야 될지 모르겠어!ㅠㅠ

너를 어떤 성격이라고 정하기 어려울 수도 있어. 여러 모습들이 섞여 있는 게 당연한 거야. 너를 이해하는데 도움이 되는 Tip을 알려줄게. 가장 편안하고 자연스러운 쪽에 체크해 보렴.

파티/모임에 갔을 때

| 사람들에게 먼저 인사
감정이 잘 드러남
마당발 인맥
말하기 좋아함 | VS | 누가 말 걸어주길 기다림
말하지 않으면 속을 모름
1:1 관계
듣는 걸 좋아함 |

이쪽이 더 편하다면?

상대방이 생각할 시간을 주고 있니? 한 번에 하나씩만 말해보자.
조용한 사람에게는 너의 활력이 좀 부담스러울 수 있다는 걸 기억해.

상대방에게 말할 시간을 주고 있니?
표현하지 않으면 사람들은 네 맘을 잘 몰라. 자, 조금만 더 용기 내서 말해보자.

자연스러운 나 만나기

새로운 걸 배울 때

| 나무를 잘 보는 섬세함 | 숲을 잘 보는 넓은 시야 |
| 현실적인 경험 VS 특이한 경험 |
| 실생활에 도움 | 지적 자극 |
| 오감으로 배움 | 육감으로 이해 |

이쪽이 더 편하다면?
상대방의 상상력을 인정해주자. 네 의견에 어떤 가능성이 있는지를 미리 알려주면 관심을 더 가질 거야. 세세한 것까지 따지지는 말자.

의견을 말할 때는 구체적인 예를 들어줘. 실제 경험을 말해주면 잘 이해할 거야.
정확한 단어가 떠오르지 않을 때는 메모지에 적은 뒤 대화하는 센스도 필요해.

4.

친한 친구가 실수했을 때

상황 파악 후 잘못을 먼저 지적 　　상황 파악 후 친구를 먼저 걱정
친구를 위해 쓴소리 가능　 VS 　사이가 멀어질까 말 못함
잘못을 확실하게 짚고 넘어감 　　부드럽게 타이름

이쪽이 더 편하다면?

너의 돌직구는 상대방을 위하는 마음일 거야. 그럴 땐 상대방의 감정을 먼저 이해해보렴.
감정이 풍부한 사람과 잘 지내고 싶다면 칭찬은 넉넉히, 비판은 부드럽게 해 봐.

공감하지 못하는 사람에게 서운할 때도 있지? 너의 감정도 중요하다는 걸 얘기해 줘.
어떻게 '느끼냐'고 묻지 말고, 어떻게 '생각하냐'고 물어봐.

자연스러운 나 만나기

평소에 무언가 계획할 때

계획대로 Go Go!　　　Feel대로 Go Go!
과제는 바로바로　VS　과제는 벼락치기
하나씩 차근차근　　　일단 부딪혀보자

이쪽이 더 편하다면?
결과보다는 과정에 초점을 맞추면 좋아. 너의 시간표보다 2배의 여유 시간을 줘.
계획하는 게 익숙하지 않은 사람들은 갑자기 일정이 바뀔 수 있다는 걸 기억해.

계획대로 사는 게 좀 답답하게 느껴지나? 시간을 지키고 미리 준비하는 노력이 필요해.
중간에 계획이 바뀌면 '미리' 말해주면 어떨까? 체계적이고 효율적인 모습을 보여주면 좋아.

나쓰담

5.

뇌는 우리의 경험에 꼭 맞는 말을 찾을 때 편안해진단다.
요즘 넌 기분이 어떠니? 주로 느끼는 감정에 동그라미 해 보렴.

네가 느꼈던 감정들을 천천히 떠올려 봐!

감각 / 감정 단어

거북하다	신경이 날카롭다	두렵다	어지럽다
마음이 열리다	고요하다	생기 있다	활발하다
부드럽다	늘어지다	맥없다	찡하다
불안하다	답답하다	상처 입다	멍들다
미안해하다	수치스럽다	공허하다	슬프다
얼굴이 빨개지다	울적하다	우울하다	무기력하다
외롭다	죄책감 들다	떨리다	예민하다
질투하다	상처받다	절망스럽다	짜증나다
속이 뭉치다	충동적이다	초조하다	의심스럽다
행복하다	미소 짓다	자신감 있다	소중하다
평화롭다	감사하다	연결되어 있다	활기차다

넌 요즘 여러 가지 감정을 느끼면서 살아가는구나.
동그라미 한 것 중에 어떤 감정이 너에게 가장 중요했니?

동그라미 친 것 중에서
살펴보고 싶은 감정 하나를 여기에 적어 봐.

Chapter 1. 똑똑똑! 나는 누굴까?

정서를 조절할 수 있다고?

언제 이런 감정을 느끼니?
상황을 몇 가지 적어 봐.

이 감정을 느낄 때 어떤 반응을 보여?
표정, 말투, 행동, 심장박동수 같은 것들

이 감정을 그림으로 그려보자. 어떤 모양, 어떤 색깔일 것 같아?

감정에 별명을 붙여줘 봐! 어떤 이름이 어울릴까?

이 감정에는 너의 어떤 소망과 욕구가 담겨있는 것 같니? '~하고 싶다'로 표현해봐.

나쓰담

Chapter 1.

 <똑똑똑! 나는 누굴까?>에서는

일상생활에서의 너를 살펴보았어.
너의 몸과 뇌, 마음이 서로 연결되어 있으니
잘 알아차리고 표현하면 좋겠지?
가장 편안하고 자연스러운 것을 찾아가는 네가 되길!

 **5가지 활동을 해 본 소감이 어때?**

Summary

Momo's Explanation

1. 오감(五感)으로 너를 표현해봐
우리의 몸과 뇌, 마음은 서로 연결되어 있어서 지금 – 이 순간의 신체 감각을 잘 알아차리고 표현하면 마술 같은 일들이 벌어져. 스트레스가 해소되거나 대인관계가 훨씬 부드러워지는 거 말야.

2. 너의 일상이 궁금해
평생 건강한 뇌로 살고 싶다면 기억해. 식생활, 운동, 수면, 사람들과의 관계, 지속적인 학습! 이 다섯 가지는 뇌에서 분비되는 호르몬(신경전달물질)이 적당한 시기에 적절히 분비되도록 도와준단다.

중요한 건 균형! 우리 뇌에 있는 신경전달물질들이 균형을 이루면 기분이 안정되고 기억력, 집중력과 같은 인지 기능을 잘 유지할 수 있어. 너무 많아도 안 되고, 부족해도 안 된다고 해. 사람의 뇌는 참 신기하지?

3. 너는 어떤 여행이 편해?
'자기이해지능'이 높은 사람은 자신의 장단점, 욕구를 바로 알아차려서 목표 의식과 자율성이 높대. 또 자신의 감정과 행동을 잘 조절해서 인내력도 높지. 어때, 훨씬 행복하게 살겠지?

4. 자연스러운 나 만나기
네 인생의 전문가는 바로 너라는 걸 기억해. 어떤 성격유형도 너를 다 표현할 수 없지. 네가 타고난 경향성은 있는 그대로 괜찮아. 다른 성격유형과 비교하지 않아도 돼. 그리고 너는 언제나 네가 생각한 것보다 깊고 심오한, 세상에 단 하나뿐인 존재야.

5. 정서를 조절할 수 있다고?
네가 느끼는 감정에는 옳고 그름이 없어. 모두 나름대로 의미가 있지. 너의 감정은 중요한 메시지를 전달하는 인생의 나침반이라고 할 수 있어.

너의 감정을 조절하려면 먼저 적절한 거리를 두고 바라보는 연습을 해봐. 그 감정을 구체적이고 명확하게 알아차리면 정서조절능력을 높일 수가 있단다. 생리적으로 경험에 이름을 붙이면 뇌가 평온해진다는 건 이미 뇌과학으로 입증되었지. '감정에 이름 붙이기(Putting feelings into words)'를 기억해.

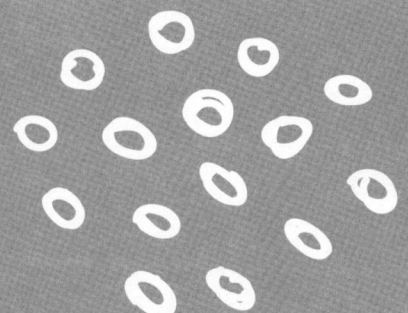

Chapter **2**

쫑긋! 나는 어땠지?

1.

꼬꼬마였던 너의 어린시절은 어땠니? 가장 어렸을 때를 그려볼 수 있어?

오잉! 갑자기 어린 시절을 떠올려 보라고?

신체감각에 저장되는 초기 기억은 네가 어른이 되어서도 중요한 역할을 한단다.
자기에 대한 느낌과 대인관계 패턴에 계속 영향을 주거든.

정말? 어디 보자... 다섯 살 때 친구들이랑 놀이터에서 놀았는데 그 때 어땠더라...

어린 시절을 떠올려 봐

가장 어린 시절을 생각하면 어떤 느낌이 들어?

혹시 그때를 생각하면 어떤 향기나 냄새가 떠오르니?
(오감 중에서도 특히 후각은 평소에 잊고 지내던 추억의 시간으로 너를 데려다 준대.)

그 때의 느낌이 지금의 너에게 어떤 영향을 주고 있다고 생각하니?

"나는 냄새를 맡는다. 고로 나는 느낀다"
레이첼 헤르츠(Rachel Herz)

나쓰담

2.

세 개의 유형 중 너의 느낌을 잘 표현한 걸 골라 보렴.

A
나는 사람들과 친해지는 데 약간 불편하다.
나는 사람들을 완전히 믿고 의지하는 데 불편함을 느낀다.
나는 사람들과 늘 일정한 거리를 유지하려고 한다.

B
나는 사람들과 친해지는 것이 비교적 쉽다.
나는 필요하다면 다른 사람에게 의지하기도 하고,
다른 사람이 의지하는 것을 편안하게 받아준다.

C
나는 사람들과 친해지고 싶지만 사람들이 나와
가까워지는 데 주저하는 것 같은 느낌을 받는다.
나는 다른 사람이 정말로 나를 사랑하지 않거나
나와 함께 있고 싶지 않을까 걱정할 때가 종종 있다.

난 가끔은 A, 가끔은 B야!

A, B, C가 골고루 섞여 있는 사람도 있을 거야.
가족 / 지인 / 직장 버전이 다를 수도 있어.

A 회피형   **B** 안정형   **C** 불안형

너의 애착 유형이 궁금해

애착 유형별 Tip

회피형을 위한 Tip

- 힘든 일이 생기거나 스트레스를 받으면 혼자만의 공간으로 들어갈 수도 있어.
- 그럴 땐 네 주변의 믿을 만한 사람에게 도움을 요청해봐.
- 그 사람들은 너를 따뜻하게 도와줄 거야.

안정형을 위한 Tip

- 너는 자신과 세상에 대한 신뢰가 있을 거야.
- 도움을 잘 주고 받고, 어려운 일이 생겨도 비교적 스트레스를 적게 느낄 거야.
- 자존감도 물론 높겠지?

불안형을 위한 Tip

- 사람들이 너를 싫어하거나 떠날까 봐 걱정할 때가 있어?
- 가끔 자신감이 떨어지고, 가까운 관계에서 더 어려움을 느낄 때도 있을 거야.
- 관계에 몰두하는 너에게 한번 물어봐. "너는 지금 사랑받고 싶니?"

3. 자기대화를 바꾸면 인생이 달라져

자기대화(self-talking)

넌 평소에 어떤 혼잣말을 하니? 아침부터 저녁까지 네가 의식하지 못한 순간에도 오만 가지의 생각과 평가가 너의 머릿속을 스쳐 지나간다고 해.

너도 모르게 무의식적으로 드는 부정적인 생각이 있니?

예) 저 사람은 나를 싫어해. 나는 실수하면 안돼. 내 인생은 왜 이러지? 나는 망했어.

"Stop!" 이라고 외치면서 따라 써 보자.

너를 '타인'처럼 생각할 때, 더 객관적이고 유용한 피드백을 줄 수 있단다.

2, 3인칭을 사용해서 긍정적인 말로 너를 격려해봐.

예) 제제야, 실수해도 괜찮아. 넌 잘 이겨낼 수 있을 거야.

4. 스트레스를 받을 때 어떻게 해?

네가 스트레스를 받았을 때의 마음을 화산으로 표현해 봐.
색연필로 마음껏 낙서해보자!

4. 스트레스를 받을 때 어떻게 해?

적당한 스트레스는 우리 생활에 긴장감과 집중력을 준다는 사실, 알고 있니?

헐! 스트레스는 '만병의 근원' 아니었어?

스트레스 상황에서 넌 주로 어떤 방법을 쓰고 있어?

문제중심 대처방식

최선이라고 생각하는 것 하기
내 실수로부터 교훈 얻기
능력을 확인하는 기회로 이용

정서중심 대처방식

나의 부족함을 자책
다른 사람에게 화풀이
지나치게 감정적으로 반응

회피중심 대처방식

다른 사람과의 관계에 전념
다른 곳으로 마음을 돌림
그냥 대충 넘어가려고 함

5. 혼자서도 할 수 있는 셀프테라피

휴식이 필요할 때 너는 어떻게 하니? 동그라미 해 봐.

- 간단한 스트레칭
- 푹 자기
- 맛있는 것 먹기
- 감사하기
- 소리내어 웃기
- 누군가에게 고민 말하기
- 자신에게 친절하게 말하기
- 따뜻한 물에 샤워
- 심호흡 (들숨 : 날숨 = 1 : 2)
- 명상
- 댄스
- 열까지 세어보기
- 아로마 테라피
- 편지/일기 쓰기
- 음악 듣기
- 애완동물과 놀기
- 물 마시기
- 햇빛 쬐며 걷기
- 요리하기
- 등산 / 운동
- 안아주기 (get a hug)
- 소리내어 울기
- 멍때리기
- 책 읽기 (시)
- 퍼즐 맞추기
- 그림 그리기
- 청소하기
- 창의적인 취미활동 (사진 찍기 등)
- 따뜻한 차 마시기
- To-do list

와~ 스트레스 대처방법이 이렇게 많았구나! 나만의 방법을 더 늘려봐야겠어!

Chapter 2.

 **<쫑긋! 나는 어땠지?>에서는**

어린 시절의 기억과 애착이 중요하다는 걸 느꼈어.
이것들이 어른이 되어서도 자신에 대한 느낌과
사람들과의 상호작용에 영향을 주거든.
스트레스를 대하는 너의 태도와 대처방법도 살펴봤지.

 **너의 뇌 건강을 위해 지금-이 순간 생각나는 감사한 것 3가지를 적어봐.**

Summary

 **Momo's Explanation**

1. 어린 시절을 떠올려 봐

아기들이 말을 배우기 전에 경험하는 건 신경계에 새겨진대. 그런 다음에는 부모와 아기 사이의 작은 상호작용이 신경망을 형성하고, 정서를 조절하는 '변연계'를 형성하지.

향기가 기억을 이끌어내는 것을 '프루스트 현상(Proust phenomenon)'이라고 해. 뇌는 좋든 싫든 가장 먼저 맡았던 냄새의 기억을 각인한대. 좋은 향기는 기억력 향상에 도움을 준다는 것 기억해.

2. 너의 애착 유형이 궁금해

애착은 '나는 안전해' 라는 느낌이야. 지금 함께 있지 않아도, 눈에 보이지 않아도 우리가 서로 연결되어 있다는 믿음이야. 지금 안정 애착이 아니어도 괜찮아. 애착은 언제든 변할 수 있는 '상태'로 이해하면 돼. 애착을 더 쉽게 말하면 '내편'이란다. 나를 믿어주는 단 한 사람만 있으면 넌 언제든 안정감을 느낄 거야.

3. 자기대화를 바꾸면 인생이 달라져

'생각 멈추기' 기법은 걱정을 없애고 회복탄력성을 키우는 데 좋은 방법이야. 너 자신과 대화하는 말은 감정과 행동에 큰 영향을 미치기 때문에 중요해. 자신에게 말을 걸고, 자신의 이름을 말하며 긍정적인 대화를 시작하는 사람들이 인생에 더 성공하고, 안정적이며, 행복하게 산대.

4. 스트레스를 받을 때 어떻게 해?

스트레스가 우리 몸에 해로운 이유는 스트레스가 몸에 해롭다고 생각하는 우리의 믿음 때문이야. 감정적으로 대처하거나 문제를 회피하는 것보다 문제중심의 적극적인 대처방식이 행복지수를 높일 수 있어. 중요한 건 스트레스에 대한 '너의 태도'야.

5. 혼자서도 할 수 있는 셀프테라피

낙관적인 사람들은 '자아탄력성'이 높아서 스트레스가 쌓일 때 이런 방법들을 더 자주, 꾸준히 할 수 있대. 감사하는 마음은 쾌감을 느끼고 나쁜 습관을 조절할 수 있게 돕는 도파민에 영향을 주고, 의지력을 높여주는 세로토닌을 증진시킨대.

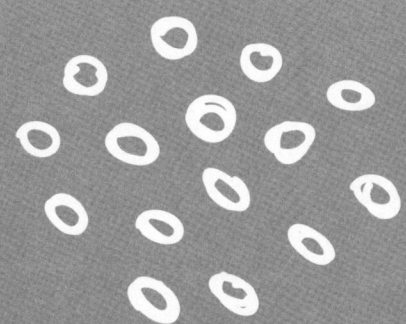

Chapter 3

토닥토닥! 충분히 괜찮아

1.

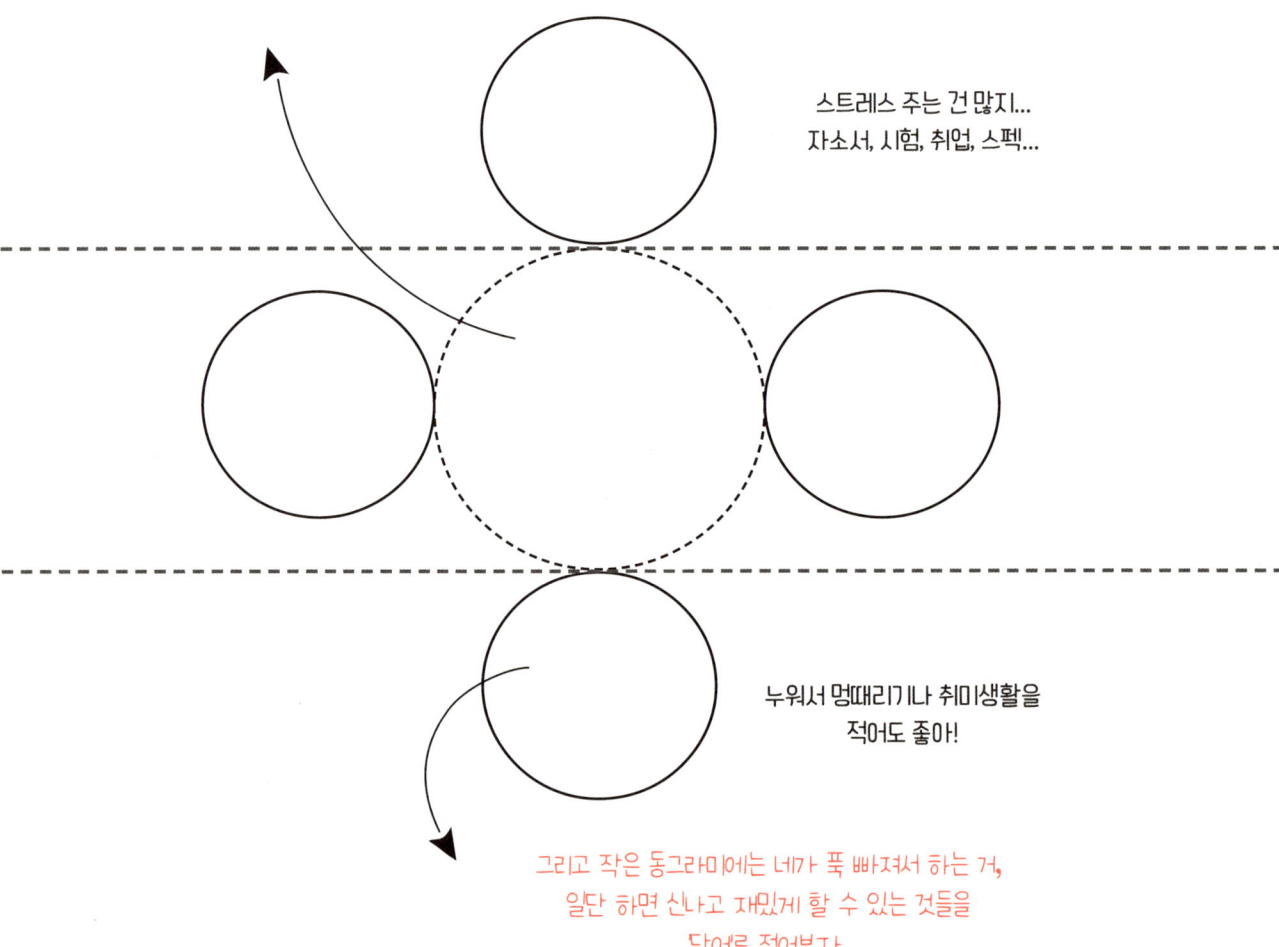

세상을 보는 눈, 마음의 창

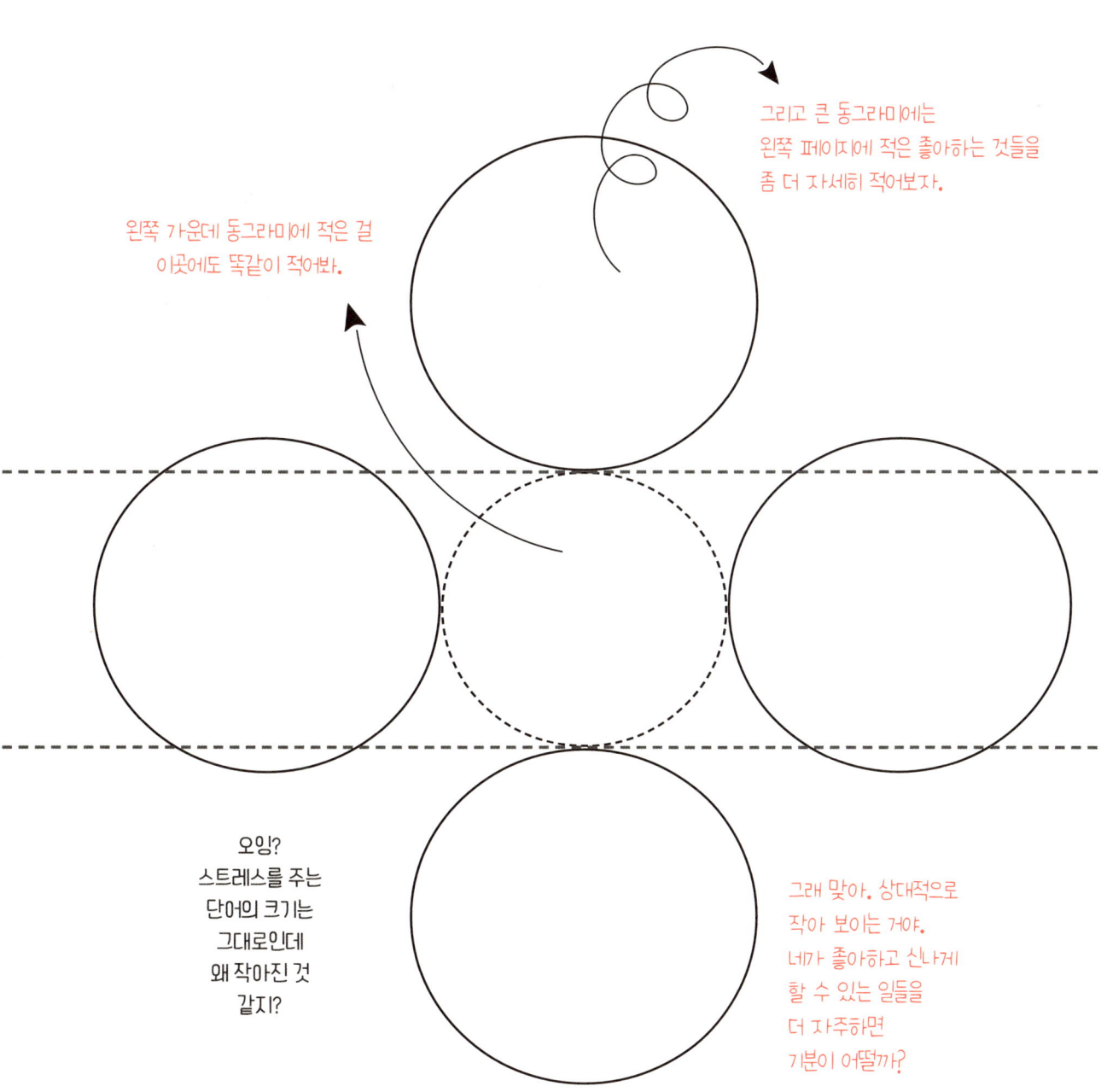

1. 　　　　　　　　　　　　　　세상을 보는 눈, 마음의 창

좋아하는 일에 푹 빠져 있는 너의 모습을 상상해봐. 그것을 더 자주 생각하고,
실행하면 기분이 어떨 것 같아? 자유롭게 낙서해도 좋고, 그려봐도 좋아.

2. 겉모습과 속마음

지금까지 너에 대해 살펴봤지? 그런데 이게 다가 아니란다.
알고 보면 사람들은 모르는 속마음도 있을 거야. 도형 안에 너의 겉모습과 속마음을
자유롭게 표현해 보자. 단어를 쓰거나 그림을 그려도 좋아.

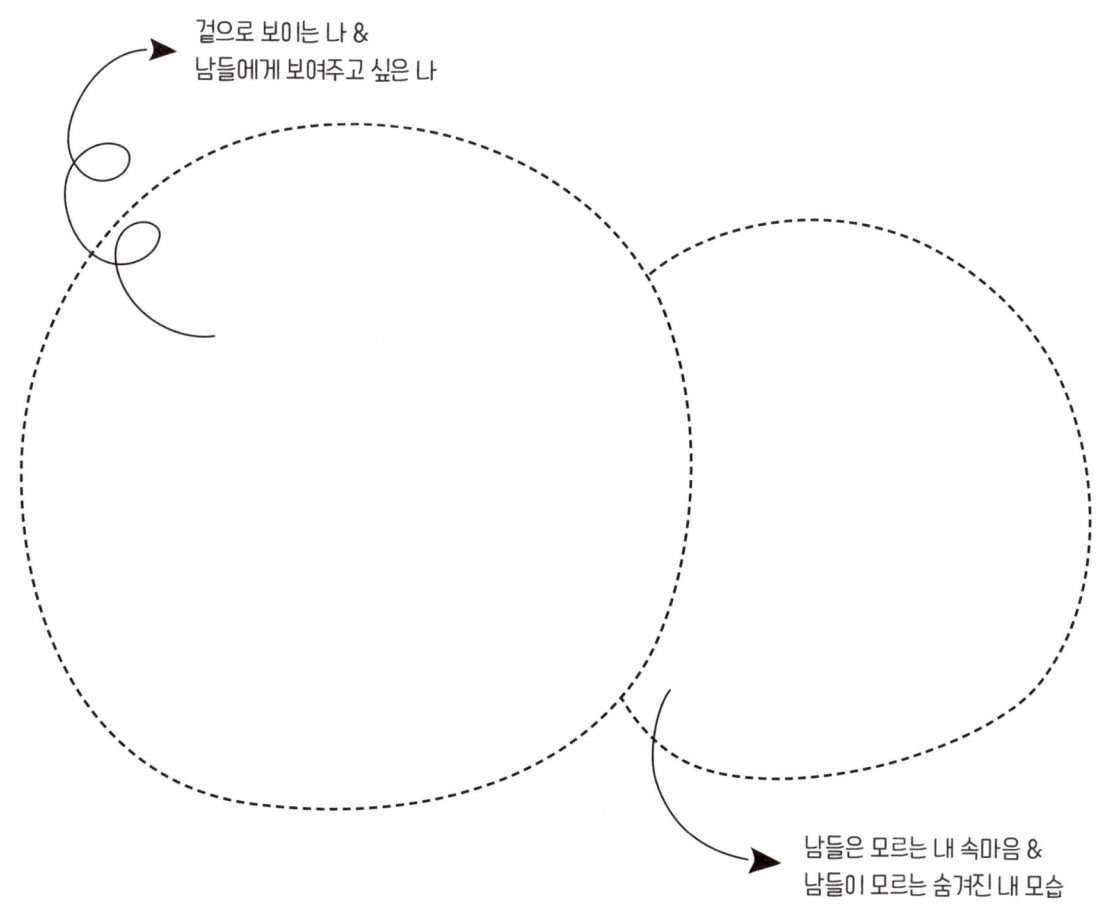

겉으로 보이는 나 &
남들에게 보여주고 싶은 나

남들은 모르는 내 속마음 &
남들이 모르는 숨겨진 내 모습

이런 너에게 어떤 말을 해주고 싶어?

3.

우리는 살아가면서 다양한 역할을 하게 돼.
어떤 역할은 크고, 어떤 역할은 소소하기도 하지. 너의 역할들을 한번 적어보렴.

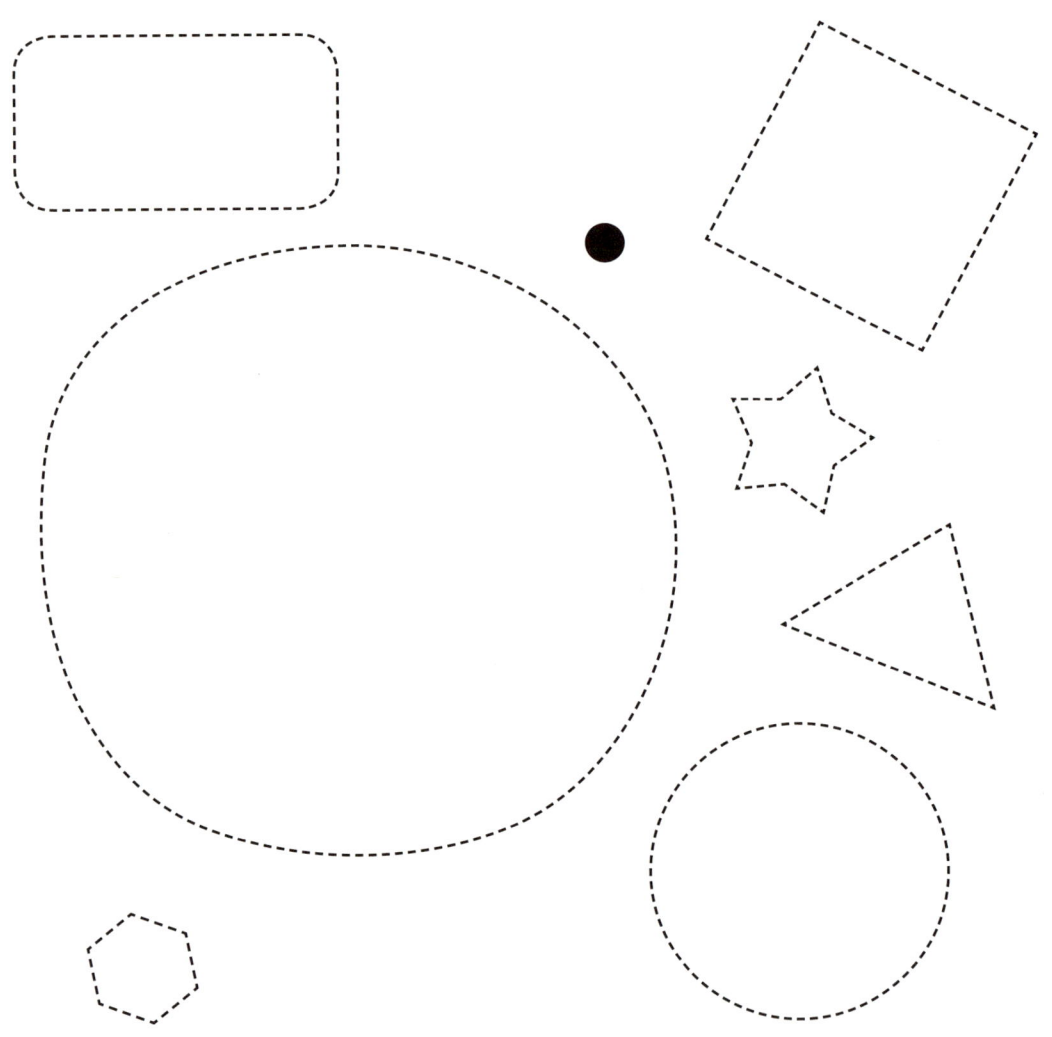

믿음직한 큰딸, 다정한 친구, 퇴사하고 싶은 직장인,
동아리 멤버! 다양하게 적을 수 있어!

어떤 역할을 하고 있니?

잘 적어봤니? 너는 어떤 역할을 할 때 가장 편하니? 그때의 감정을 표현해봐.

나다운 역할을 할 때가 제일 편하지~

그럼 어떤 역할이 가장 힘들고, 불편하니? 그때의 감정을 낙서로 표현해 봐.

휴! 힘들고 불편한 감정이라면 이 종이가 넘 작아ㅠㅠ

나쓰담

4. 친절하게 품어주기

너의 장점과 단점을 적어 봐. 단어와 그림을 섞어서 표현해도 좋아.

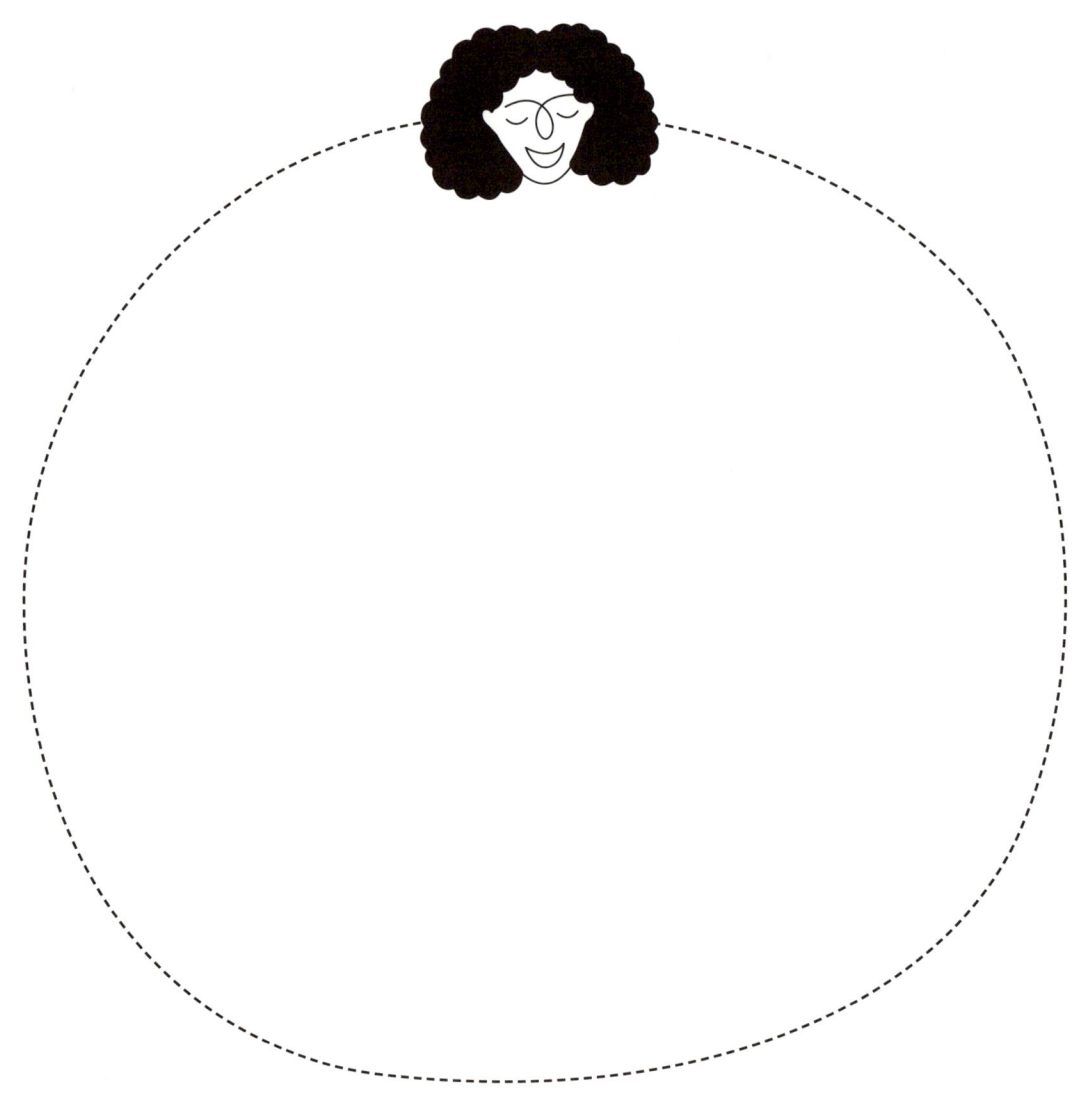

이게 모두 너야!

5. 나에게 힘주는 말

자, 눈 크게 뜨고! 너에게 힘주는 말을 찾아봐!
뭘 좋아할지 몰라 다 모아봤어!

디	고	마	워	실	아	메	리	카	노
저	울	지	마	수	아	프	지	말	자
트	놀	면	뭐	해	그	능	었	신	할
마	카	롱	도	도	랬	력	들	나	수
싹	싹	미	인	돼	구	자	힘	내	있
쓰	담	쓰	담	잘	나	수	고	했	어
리	부	먹	찍	먹	넌	행	유	산	슬
토	닥	토	닥	어	멋	복	받	을	겨
합	완	전	짱	봐	져	하	파	이	팅
격	혼	밥	입	금	문	자	너	튜	브

가장 먼저 눈에 띈 단어나 문장을 찾아봐.

1.

2.

3.

Chapter 3.

 **<토닥토닥! 충분히 괜찮아>에서는**

네 주변에 있는 행복의 조건들을 찾아보고 자주 해보는 게 어떤 도움을 주는지 알아봤어. 그리고 너의 속마음과 다양한 역할들이 무슨 말을 하는지 들어보았고, 너의 장단점을 있는 그대로 품어주는 게 얼마나 힘이 되는지 생각해 보았지.

 **지금도 충분히 괜찮은 너에게 해주고 싶은 말이 있어?**

Summary

 **Momo's Explanation**

1. 세상을 보는 눈, 마음의 창
세상을 보는 네 마음의 창은 얼마나 넓으니? 행복은 행복의 조건들을 얼마나 많이 가지고 있느냐가 아니라 그런 조건들을 얼마나 많이 볼 수 있느냐가 중요한 거야.

2. 겉모습과 속마음
네 안의 그림자가 무슨 말을 하는지 잘 들어봐. 너의 가능성과 잠재력이라는 보물을 발견할 수 있게 해주는 친구가 되어줄 거야.

3. 어떤 역할을 하고 있니?
우리의 마음은 다양한 구성원들로 이루어진 사회와 같아. 다양한 욕구를 가지고 있는 '마음사회'들이 무슨 말을 하는지 잘 들어봐. 마음 안의 여러 마음들과 잘 소통하고 협조를 얻는 것이 중요해.

4. 친절하게 품어주기
'자기자비(Self-compassion)'란 힘들고 고통스러운 순간에 자기를 비난하지 않고 친절하게 대하는 태도야. 실패와 어려움은 누구나 경험할 수 있는 일이거든. "네가 힘들었겠구나." 하면서 따뜻하게 바라보면 어떨까?

5. 나에게 힘주는 말
인생은 최선의 상태로 아무것도 고정되지 않은, 흘러가고 변화하는 과정이야. 인생은 언제나 '되어지는 과정(in process of becoming)' 속에 있지. 이런 과정에 있는 너에게 힘주는 말을 해주면 어떨까?

나쓰담을 모두 마친 너에게 해주고 싶은 말

지금까지 너를 위한 마음 레시피를 살펴봤어.
네 맘이 말랑말랑해졌니?

다른 사람과 비교하기보다는
어제의 너와 비교해 보는 거야.

여전히 힘들고 무얼 잘하는지 몰라도 괜찮아.
너를 친한 친구처럼 위로해주면 돼.

네 인생의 전문가는 바로 너야.
너만큼 너를 잘 아는 사람은 없어.

지금 그대로의 너도 충분히 괜찮아.

참고문헌

1장(똑똑똑! 나는 누굴까?)

1. Candace, B. (1999). Pert, Molecules of Emotion: The Science Behind Mind-Body Medicine. Touchstone.

2-1. Arden, J. (2014). The brain bible: How to stay vital, productive, and happy for a lifetime. McGraw Hill Professional.

2-2. Duman, R. S., Sanacora, G., & Krystal, J. H. (2019). Altered connectivity in depression: GABA and glutamate neurotransmitter deficits and reversal by novel treatments. Neuron, 102(1), 75-90.

3. Gardner, H. E. (2000). Intelligence reframed: Multiple intelligences for the 21st century. Hachette UK.

4. Myers, I. B. (1998). MBTI manual: A guide to the development and use of the Myers-Briggs Type Indicator. Consulting Psychologists Press.

5-1. Barrett, L. F. (2004). Feelings or words? Understanding the content in self-report ratings of experienced emotion. Journal of personality and social psychology, 87(2), 266.

5-2. Torre, J. B., & Lieberman, M. D. (2018). Putting feelings into words: Affect labeling as implicit emotion regulation. Emotion Review, 10(2), 116-124.

5-3. https://www.ycei.org/ruler
RULER: 미국 예일대학교 심리학과 마크 브레킷(Marc Brackett) 교수가 창안한 감정 관찰 프로세스 툴

2장(쫑긋! 나는 어땠지?)

1-1. Rustin, J. (2012). Infant Research & Neuroscience at work in psychotherapy: Expanding the clinical repertoire. WW Norton & Company.

1-2. Greenspan, S. I., Wieder, S., & Simons, R. (1998). The child with special needs: Encouraging intellectual and emotional growth. Addison-Wesley/Addison Wesley Longman.

2-1. Fonagy, P. (2018). Attachment theory and psychoanalysis. Routledge.

2-2. Kirkpatrick, L. A., & Hazan, C. (1994). Attachment styles and close relationships: A four year prospective study. Personal relationships, 1(2), 123-142.

3-1. Bakker, G. M. (2009). In defence of thought stopping. Clinical Psychologist, 13(2), 59-68.

3-2. Feeney, D. M. (2019). Using Positive Self-Talk and Goal-Oriented Thinking to Improve Behavioral Outcomes for Students with Learning Disabilities.

4-1. McGonigal, K. (2016). The upside of stress: Why stress is good for you, and how to get good at it. Penguin.

4-2. Evans, J. (2013). Philosophy for Life and Other Dangerous Situations: Ancient Philosophy for Modern Problems. New World Library.

5. Atkinson, S. (2011). Climbing out of depression. Lion Books.

3장(토닥토닥! 충분히 괜찮아)

1. 프레임 (개정판) : 나를 바꾸는 심리학의 지혜 | 최인철 지음 | BOOK21 PUBLISHING GROUP | 2016년 08월

2. 내 그림자에게 말 걸기 : 융 심리학이 말하는 내 안의 또 다른 나와 만나는 시간 [개정판] | 로버트 존슨, 제리 룰 지음 | 가나출판사 | 2020년 06월

3. 마음챙김 긍정심리 훈련(MPPT) 워크북 : 행복과 성장을 위한 8주 마음공부 | 김정호 지음 | 불광출판사 | 2020년 02월 26일 출간 (1쇄 2020년 03월 04일)

4. Kwon, Y. J., Kim, J. H., & Kim, M. (2018). The Effects of a Self-Compassion Program on Body Satisfaction, Body Shame, Self-Esteem and Subjective Well-Being among Female University Students with Negative Body Image. Korean Journal of Stress Research, 26(4), 296-304.

5. Neff, K. (2011). Self-compassion: Stop being yourself up and leave insecurity behind. London: Hodder & Stoughton Ltd.

세상 특별한
나를 찾아서
나쓰담

제1판 1쇄	2020년 11월 9일
지음	엄혜선, 신지예
발행처	애드앤미디어
등록	2019년 1월 21일 제 2019-000008호
주소	서울특별시 영등포구 가마산로 50길 27
홈페이지	www.addand.kr
이메일	addandm@naver.com
교정교안	윤치영
디자인	얼앤똘비악 www.earlntolbiac.com
ISBN	979-11-971935-1-4 (03190)
가격	15,000원

이 책은 저작권법에 따라 보호받는 저작물이므로 무단 전재와 무단 복제를 금하며,
이 책 내용의 전부 또는 일부를 이용하려면 저작권자와 애드앤미디어의 서면 동의를 받아야 합니다.

책값은 뒤표지에 있습니다.
잘못 만들어진 책은 구입처에서 바꿔 드립니다.

애드앤미디어 는 당신의 지식에 하나를 더해 드립니다.